Monika Roller

Mein kleines Regelheft

Mit Montessori die deutsche Grammatik verstehen

3./4. Klasse

Cornelsen

Illustration: Bettina Weyland
Umschlaggestaltung: Corinna Babylon

www.cornelsen.de

4. Auflage, 4. Druck 2024

Druck: H. Heenemann, Berlin

ISBN 978-3-589-15392-3

PEFC/04-31-1156

PEFC zertifiziert
Dieses Produkt stammt aus nachhaltig bewirtschafteten Wäldern und kontrollierten Quellen.

www.pefc.de

Inhaltsverzeichnis

Fremdwörter kannst du hinten im Fremdwörterverzeichnis nachschlagen. Wenn sie im Heft zum ersten Mal vorkommen, sind sie **orange** gedruckt.

1. Buchstaben und Laute

Das Abc oder **Alphabet** hat 26 Buchstaben von A bis Z.
Im Wörterbuch sind die Wörter nach dem Alphabet geordnet.

Vokale (Selbstlaute) klingen selbst:

A / a, E / e, I / i, O / o, U / u

Konsonanten (Mitlaute) brauchen Laute, die mit ihnen klingen:

b(e), d(e), k(a) ...

Schreibe das Alphabet auf. Schreibe jeweils den großen und den kleinen Buchstaben nebeneinander. Benutze für die Vokale einen blauen und für die Konsonanten einen roten Stift.

Ich gehöre zwar nicht zum Alphabet, aber du brauchst mich in deutschen Wörtern wie „So**ß**e“, „grü**ß**en“ oder „wei**ß**“!

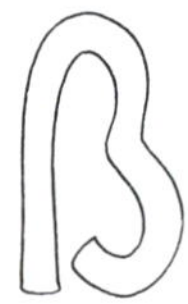

Aus den Vokalen a, o, u werden die Umlaute ä, ö, ü .

Phonogramme sind Laute und Lautverbindungen, die aus mehreren Buchstaben bestehen.

ai, au, äu, ch, ck, ie, ei, eu, pf, ph, sp, st, tz

Kreise die Phonogramme, die aus Vokalen bestehen, blau ein und die Phonogramme, die aus Konsonanten bestehen, rot ein.

Es gibt auch Phonogramme, die aus drei Buchstaben bestehen. Mein Name beginnt mit einem!

Mein Name endet mit einem!

,

Kreise mit der richtigen Farbe ein.

Finde selbst Wörter mit Phonogrammen.

____

____

____

____

____

Die Laute „au“, „äu“, „eu“, „ei“ und „ai“ werden auch Doppellaute (**Diphthonge**) genannt.

2. Wortarten

2.1 Nomen / Substantiv 

Merke: Nomen werden immer großgeschrieben.

1. Beweis: Nomen sind Namen für Menschen, Tiere und Pflanzen oder Dinge (konkrete Nomen).
Man kann sie sehen und anfassen.
Nomen sind aber auch Namen für Gefühle, Ereignisse oder Stimmungen (abstrakte Nomen).
Man kann sie nicht sehen oder anfassen.

Beispiel: Hund ist ein Name für ein Tier.

Finde weitere Nomen.

2. Beweis: Vor einem Nomen kann ein **Artikel** (Begleiter) stehen.

Mehr über mich steht auf S. 18.

Beispiel: der Hund, ein Hund

Finde die Artikel für deine Beispiele.

3. Beweis: Nomen können in der Einzahl (**Singular**) oder in der Mehrzahl (**Plural**) stehen.

Beispiel: der Hund, die Hunde

Setze deine Beispiele in die Einzahl und in die Mehrzahl.

Achtung! Es gibt Ausnahmen: Einige wenige Nomen gibt es nur in der Einzahl (z. B. der Schnee) oder auch nur in der Mehrzahl (z. B. die Eltern).

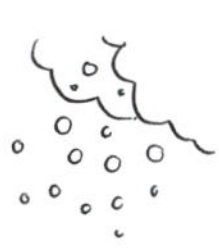

Nomen können sich verändern. In einem Satz können sie in vier verschiedenen Fällen (**Kasus**) stehen. Ein Nomen in die vier Fälle zu setzen, nennt man **deklinieren** bzw. **Deklination**.

Ein Nomen kann männlich (ein **Maskulinum**), weiblich (ein **Femininum**) oder sächlich (ein **Neutrum**) sein. Das nennt man grammatikalisches Geschlecht (**Genus**).

Beispiel: der Hund

1. Fall / Werfall / **Nominativ**: **der Hund**
Frage: Wer ist es?
Antwort: Es ist der Hund.

2. Fall / Wessenfall / **Genitiv**: **des Hundes**
Frage: Wessen Name ist es?
Antwort: Es ist der Name des Hundes.

3. Fall / Wemfall / **Dativ**: **dem Hund**
Frage: Wem gehört es?
Antwort: Es gehört dem Hund.

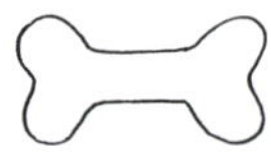

4. Fall / Wenfall / **Akkusativ**: **den Hund**
Frage: Wen sehe ich?
Antwort: Ich sehe den Hund.

Das grammatikalische Geschlecht des Hundes ist **männlich**.

Setze das Wort „Vater“ in die vier Fälle. Stelle dazu immer die Frage und finde die Antwort. Unterstreiche die Antwort.

1. Fall: ____________________

Frage: ____

Antwort: ____

2. Fall: ____________________

Frage: ____

Antwort: ____

3. Fall: ____________________

Frage: ____

Antwort: ____

4. Fall: ____________________

Frage: ____

Antwort: ____

Schreibe noch 5 weitere männliche Nomen mit Artikeln auf.

____

____

____

So setzt du ein weibliches Wort in die vier Fälle.

Beispiel: die Katze

1. Fall / Werfall / Nominativ: **die Katze**
Frage: Wer ist es?
Antwort: Es ist die Katze.

2. Fall / Wessenfall / Genitiv: **der Katze**
Frage: Wessen Name ist es?
Antwort: Es ist der Name der Katze.

3. Fall / Wemfall / Dativ: **der Katze**
Frage: Wem gehört es?
Antwort: Es gehört der Katze.

4. Fall / Wenfall / Akkusativ: **die Katze**
Frage: Wen sehe ich?
Antwort: Ich sehe die Katze.

Das grammatikalische Geschlecht der Katze ist **weiblich**.

Unterstreiche in den folgenden Sätzen den angegebenen Fall (für Ziege). Formuliere jedes Mal eine Frage dazu.

Nomen im 1. Fall: Die Ziege trinkt Wasser.

Nomen im 2. Fall: Der Stall der Ziege ist aus Holz.

Nomen im 3. Fall: Der Bauer gibt der Ziege Futter.

Nomen im 4. Fall: Das Mädchen streichelt die Ziege.

Setze das Wort „Mutter“ in die vier Fälle. Stelle dazu immer die Frage und finde die Antwort. Unterstreiche die Antwort.

1. Fall: ______________________

Frage: ____

Antwort: ____

2. Fall: ______________________

Frage: ____

Antwort: ____

3. Fall: ______________________

Frage: ____

Antwort: ____

4. Fall: ______________________

Frage: ____

Antwort: ____

Schreibe noch 5 weitere weibliche Nomen mit Artikeln auf.

____

____

____

So setzt du ein sächliches Wort in die vier Fälle.

Beispiel: das Kaninchen

1. Fall / Werfall / Nominativ: **das Kaninchen**
Frage: Wer ist es?
Antwort: Es ist das Kaninchen.

2. Fall / Wessenfall / Genitiv: **des Kaninchens**
Frage: Wessen Name ist es?
Antwort: Es ist der Name des Kaninchens.

3. Fall / Wemfall / Dativ: **dem Kaninchen**
Frage: Wem gehört es?
Antwort: Es gehört dem Kaninchen.

4. Fall / Wenfall / Akkusativ: **das Kaninchen**
Frage: Wen sehe ich?
Antwort: Ich sehe das Kaninchen.

Das grammatikalische Geschlecht des Kaninchens ist **sächlich**.

Unterstreiche in den folgenden Sätzen den angegebenen Fall (für Küken). Formuliere jedes Mal eine Frage dazu.

Nomen im 1. Fall: Das Küken ist klein.

Nomen im 2. Fall: Das Huhn ist die Mutter des Kükens.

Nomen im 3. Fall: Die Bäuerin gibt dem Küken Wasser.

Nomen im 4. Fall: Der Junge füttert das Küken.

Setze das Wort „Kind“ in die vier Fälle. Stelle dazu immer die Frage und finde die Antwort. Unterstreiche die Antwort.

1. Fall: ____________________

Frage: ____

Antwort: ____

2. Fall: ____________________

Frage: ____

Antwort: ____

3. Fall: ____________________

Frage: ____

Antwort: ____

4. Fall: ____________________

Frage: ____

Antwort: ____

Schreibe noch 5 weitere sächliche Nomen mit Artikeln auf.

____

____

____

Auch Wörter in der Mehrzahl kannst du in die vier Fälle setzen.

Beispiel: die Tiere

1. Fall / Werfall / Nominativ: **die Tiere**
Frage: Wer ist es?
Antwort: Es sind die Tiere.

2. Fall / Wessenfall / Genitiv: **der Tiere**
Frage: Wessen Namen sind es?
Antwort: Es sind die Namen der Tiere.

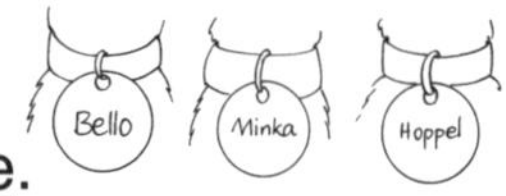

3. Fall / Wemfall / Dativ: **den Tieren**
Frage: Wem gehört es?
Antwort: Es gehört den Tieren.

4. Fall / Wenfall / Akkusativ: **die Tiere**
Frage: Wen sehe ich?
Antwort: Ich sehe die Tiere.

Unterstreiche in den folgenden Sätzen den angegebenen Fall (für die Tiere). Formuliere jedes Mal eine Frage dazu.

Nomen im 1. Fall: Junge Katzen sind niedlich.

Nomen im 2. Fall: Das Fell der Kaninchen ist weich.

Nomen im 3. Fall: Hunde gehören zu den Säugetieren.

Nomen im 4. Fall: Deine Haustiere musst du gut pflegen.

Setze das Wort „Eltern“ in die vier Fälle. Stelle dazu immer die Frage und finde die Antwort. Unterstreiche die Antwort.

1. Fall: ______________________

Frage: ____

Antwort: ____

2. Fall: ______________________

Frage: ____

Antwort: ____

3. Fall: ______________________

Frage: ____

Antwort: ____

4. Fall: ______________________

Frage: ____

Antwort: ____

Bei Nomen in der Mehrzahl spielt das grammatikalische Geschlecht keine Rolle. Die Artikel sind immer gleich.

Aus anderen Wortarten können Nomen entstehen, indem man folgende **Wortbausteine** (Nachsilben) anhängt.

-ung | -heit | -keit | -nis

Beispiele: kreuzen – die Kreuz|ung

schön – die Schön|heit

fröhlich – die Fröhlich|keit

erlauben – die Erlaub|nis

Bilde aus den folgenden Wörtern und Wortbausteinen Nomen. Denke daran: Nomen schreibt man groß!

△ dumm △ geheim ○ erzählen △ blind -heit -heit -keit

○ erleben ○ verbrennen △ fröhlich -nis -nis -ung -ung

Finde weitere Nomen mit diesen Wortbausteinen. Rahme die Wortbausteine ein. Fahre den Anfangsbuchstaben farbig nach.

Zwei Nomen können zu einem Nomen zusammengesetzt werden. Damit kann man etwas genauer ausdrücken.

Beispiel: die Hand, die Tasche – die Handtasche

Manchmal werden die **zusammengesetzten Nomen** durch ein „s“, ein „n“ oder ein „er“ verbunden.

Beispiel: die Geburt, der Tag – der Geburt**s**tag

Setze die folgenden Nomen richtig zusammen und schreibe sie mit Artikeln auf.

Hand   Advent   Kaffee   Riese   Sonne

Tasse   Schirm   Schuh   Kranz   Rad

____

____

____

Finde 5 weitere zusammengesetzte Nomen.

____

____

____

____

2.2 Artikel △

Artikel sind die Begleiter, die vor einem Nomen stehen können. Es gibt bestimmte Artikel (der, die, das) und unbestimmte Artikel (ein, eine, ein). Die Artikel zeigen das grammatikalische Geschlecht (Genus) des Nomens an.

Setze die Artikel richtig ein.

Der bestimmte männliche Artikel heißt ________ .

Der bestimmte weibliche Artikel heißt ________ .

Der bestimmte sächliche Artikel heißt ________ .

Der unbestimmte männliche Artikel heißt ________ .

Der unbestimmte weibliche Artikel heißt ________ .

Der unbestimmte sächliche Artikel heißt ________ .

Schreibe zu jedem Nomen den bestimmten Artikel dazu.

________ Hahn, ________ Kuh, ________ Schwein, ________ Ente,

________ Gans, ________ Schaf, ________ Esel, ________ Pferd

Schreibe zu jedem Nomen den unbestimmten Artikel dazu.

________ Hahn, ________ Kuh, ________ Schwein, ________ Ente,

________ Gans, ________ Schaf, ________ Esel, ________ Pferd

Bei den vier Fällen des Nomens hast du bemerkt, dass sich der Artikel beim Deklinieren verändert.

Nenne drei bestimmte Artikel, die sich verändert haben:

____

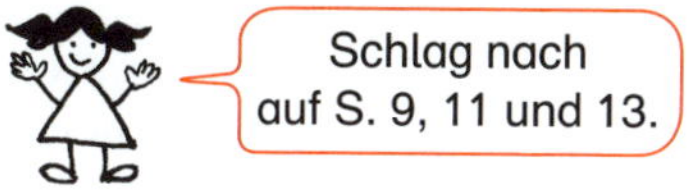

Setze in den folgenden Sätzen die veränderten bestimmten Artikel ein.

Der Bauer füttert ________ Hahn.

Die Federn ________ Hahns sind bunt.

Der Hühnerstall gehört ________ Hühnern.

Auch der unbestimmte Artikel verändert sich.

Beispiel: eine Katze, der Schwanz **einer** Katze …

Setze in den folgenden Sätzen die veränderten unbestimmten Artikel ein.

Bauer Meier hat zwei Hunde. Das Fell des

______________ Hundes ist schwarz. Der andere

Hund ist weiß. Dem schwarzen Hund gibt er ______________

Knochen, dem weißen Hund wirft er ______________ Stock zu.

2.3 Verb

1. Beweis: **Verben** sagen, was Lebewesen und Dinge tun oder was geschieht.

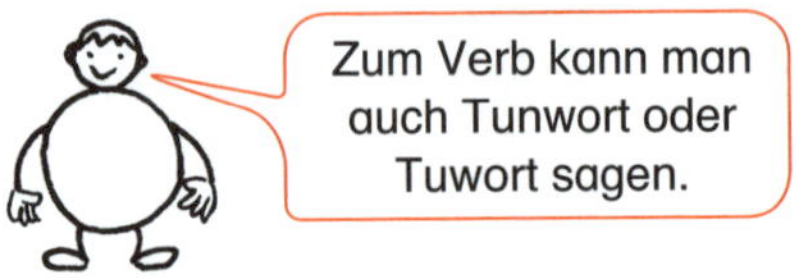

Beispiele: Was tut jemand? laufen 

Was geschieht? schneien 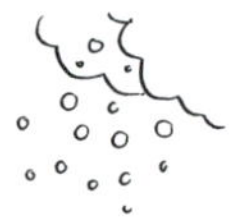

Was tun die Kinder? Schreibe die Verben unter die Bilder.

______________ ______________ ______________

Finde weitere Verben.

2. Beweis: Verben stehen in der **Grundform** (**Infinitiv**). Sie verändern sich, wenn man sie in eine Person, z. B. „ich“ oder „ihr“ setzt. Das nennt man **konjugieren** bzw. **Konjugation**.

Beispiel: Grundform „laufen“,
ich laufe, ihr lauft.

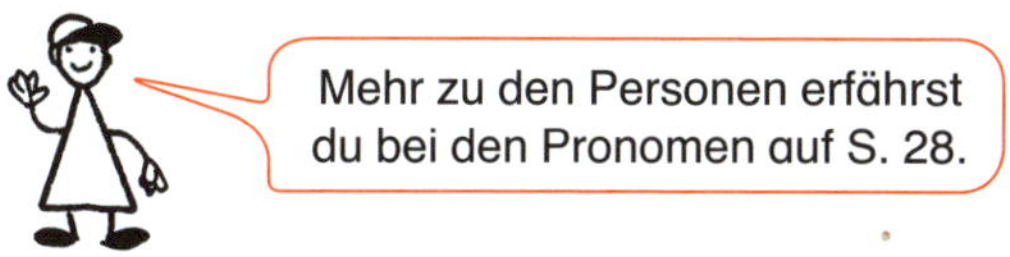

Setze 2 deiner Verben vom 1. Beweis in folgende Personen:

Grundform		
ich		
du		
er/sie/es		
wir		
ihr		
sie (mehrere)		

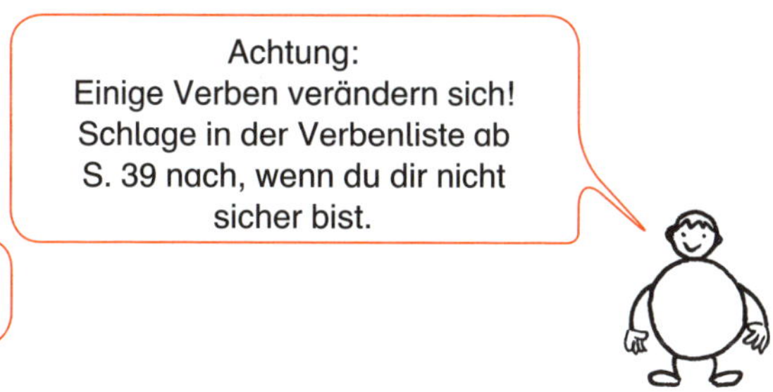

3. Beweis: Bei den Verben kann sich auch die Zeit (**Tempus**) verändern.

Beispiele:

Präsens (Gegenwart): – ich laufe
– ich kaufe

Es geschieht jetzt.

Präteritum (1. Vergangenheit): – ich lief
– ich kaufte

Du verwendest es z. B. in deinen Aufsätzen.
Oft ist es schon länger vorbei.

Perfekt (2. Vergangenheit): – ich bin gelaufen
– ich habe gekauft

Du verwendest es in der mündlichen Sprache, wenn du etwas erzählst. Oft ist es erst kurz vorbei.

Futur (Zukunft): – ich werde laufen
– ich werde kaufen

Es wird noch passieren.

Für alle, die es ganz genau wissen wollen:

Im Perfekt und Futur bezeichnen wir die Verbformen auch etwas anders.
Hilfsverb: „bin“, „habe“, „werde“
Partizip: „gelaufen“, „gekauft“
Grundform: „laufen“, „kaufen“

Setze die folgenden Verben mit den Personen „ich“ und „wir“ in die vier Zeiten. Das ist manchmal gar nicht so einfach.
Ab S. 39 findest du eine Liste mit den schwierigen Verben.

Grundform	**Präsens (Gegenwart)**	**Präteritum (1. Vergangenheit)**
essen	ich	
	wir	
schwimmen		
spielen		
sausen		

Perfekt (2. Vergangenheit)	**Futur (Zukunft)**
ich	
wir	

2.4 Adjektiv △

1. Beweis: **Adjektive** sagen, wie Lebewesen, Dinge, Gefühle, Ereignisse und Stimmungen sind.

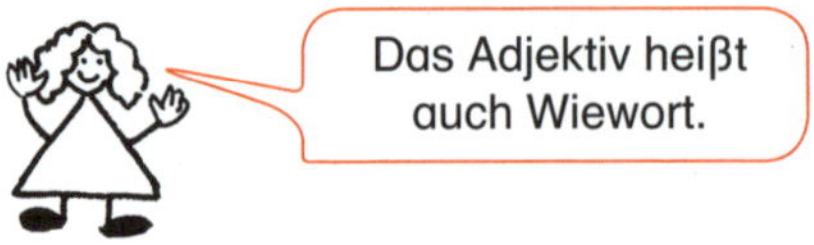

Beispiele: Wie ist das Kind? klein

Wie ist die Rose? schön

Finde drei Adjektive.

____

2. Beweis: Adjektive können zwischen einem Artikel und einem Nomen stehen. Dabei verändert sich die Endung des Adjektivs.

Beispiele: klein – das kleine Kind
schön – die schöne Rose

Setze deine Adjektive zwischen einen Artikel und ein Nomen.

____

____

____

3. Beweis: Zu vielen Adjektiven gibt es ein Gegenteil.

Beispiele: klein – groß
schön – hässlich

Findest du zu deinen Adjektiven das Gegenteil?

____

____

____

4. Beweis: Mit Adjektiven kann man vergleichen.

Beispiele: klein, kleiner, am kleinsten
schön, schöner, am schönsten

Die Vergleichsformen heißen **Grundstufe** („klein"), **Höherstufe** („kleiner") und **Höchststufe** („am kleinsten").

Bilde die Vergleichsformen zu deinen Adjektiven.

____

____

____

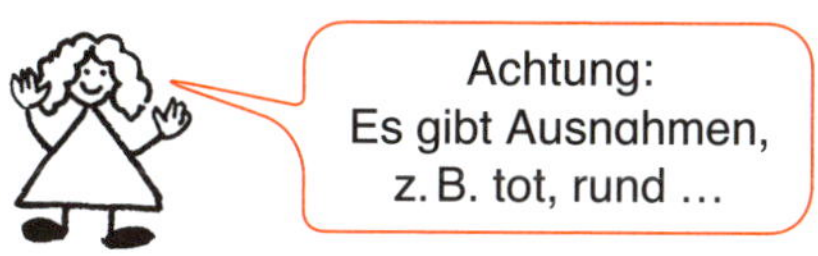

Aus anderen Wortarten können Adjektive entstehen, indem man folgende **Wortbausteine** (Nachsilben) anhängt.

| -ig | -lich | -los | -sam | -bar | -haft |

Beispiele: die Freude – freud | ig |

erfreuen – erfreu | lich |

das Ende – end | los |

sparen – spar | sam |

kosten – kost | bar |

das Rätsel – rätsel | haft |

Bilde aus den folgenden Wörtern und Wortbausteinen neue Adjektive. Denke daran: Adjektive schreibt man klein!

▲ die Gefahr ▲ das Grauen ▲ die Vorsicht

○ teilen ▲ der Durst ○ enden ▲ der Zauber

| -bar | -ig | -ig | -haft | -lich | -los | -sam |

Finde weitere Adjektive mit diesen Wortbausteinen. Rahme die Wortbausteine ein.

Adjektive können auch aus zwei Wörtern zusammengesetzt sein. Mit **zusammengesetzten Adjektiven** kann man etwas genauer ausdrücken.

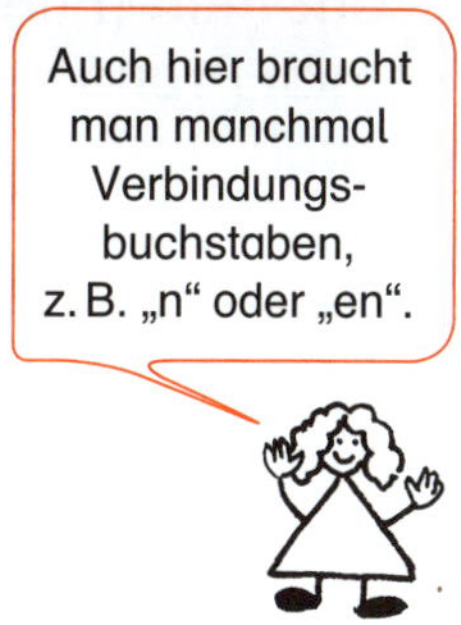

Beispiele: dunkel, rot – dunkelrot

die Sonne, klar – sonnenklar

Setze die folgenden Nomen richtig mit den Adjektiven zusammen. Schreibe die zusammengesetzten Adjektive auf.

Blitz	Bär	Kugel	Zucker	Riese
rund	süß	groß	schnell	stark

Finde 5 weitere zusammengesetzte Adjektive.

2.5 Pronomen

Pronomen (Fürwörter) stehen für Namen oder Personen.
Es gibt Pronomen in der Einzahl (Singular) und in der Mehrzahl (Plural).

1. Person Einzahl: **ich** laufe
2. Person Einzahl: **du** läufst
3. Person Einzahl: **er, sie** oder **es** läuft

1. Person Mehrzahl: **wir** laufen
2. Person Mehrzahl: **ihr** lauft
3. Person Mehrzahl: **sie** (mehrere) laufen

Setze folgende Verben im **Präsens** (Gegenwart) in alle Personen. (E. = Einzahl, M. = Mehrzahl)

Verbform	gehen	bleiben
1. Person E.		
2. Person E.		
3. Person E.		
1. Person M.		
2. Person M.		
3. Person M.		

Wenn man Pronomen verwendet, kann man Wiederholungen in Texten vermeiden.

Ersetze im folgenden Text die wiederholten Wörter durch ein passendes Pronomen. Schreibe die Pronomen auf die Zeilen.

Die Bäuerin muss früh aufstehen. _______ (die Bäuerin) melkt die Kühe mit der Melkmaschine. Der Bauer mistet den Stall aus. Dann füttert _______ (der Bauer) die Kühe. Das Schwein grunzt. _______ (das Schwein) hat auch Hunger.

Im Hühnerstall gackern die Hühner laut, weil _______ (die Hühner) viele Eier gelegt haben.

Wie die Nomen können sich auch die Pronomen in den vier Fällen verändern.

Beispiele: Das Buch gehört **mir**.
Die Mutter ruft **mich**.

Pronomen können auch einen Besitz anzeigen, z. B.: mein, dein, sein, unser, ihr ...

Im **Brief** werden die Pronomen als höfliche Anrede großgeschrieben: Sie, Ihr, Ihnen …
Wenn du zu deinem Briefpartner „du“ sagst, darfst du selbst entscheiden, ob du die Anrede groß- oder kleinschreibst: du, euer, eure *oder* Du, Euer, Eure …

Liebe Maja!
Wie geht es dir?
War dein Urlaub schön? …

Sehr geehrter Herr Bürgermeister!
Wir laden Sie herzlich zu unserem Schulfest ein …

2.6 Präposition 

Präpositionen sind kleine Wörter, die verraten, wo, wie oder wann etwas genau geschieht.

Beispiele: **in** der Schule
an einem schönen Morgen

Die wichtigsten Präpositionen heißen: in, an, auf, unter, über, zwischen, neben, mit, von, vor, zu.

Zeichne im folgenden Text über alle Präpositionen das Symbol.

Vor dem Haus steht ein Apfelbaum. Felix kommt aus der Tür heraus und will einen Apfel pflücken. Er stellt sich genau unter den Baum. Die Äpfel hängen über ihm, aber er kann sie nicht erreichen. Da denkt er: „Aber in der Garage ist eine Leiter."

Bilde drei Sätze, in denen Präpositionen vorkommen, und zeichne das Symbol darüber.

2.7 Zahladjektiv / Numerale 

Zahladjektive (Numeralien) sind Zahlwörter. Es gibt bestimmte Zahladjektive, die dir eine genaue Anzahl verraten (eins, tausend ...) und unbestimmte Zahladjektive, bei denen du nicht genau weißt, wie viele es sind (viele, einige, wenige ...).

Unterstreiche im folgenden Text alle bestimmten Zahladjektive. Kreise alle unbestimmten Zahladjektive ein. Zeichne über alle Zahladjektive das Symbol.

Julia feiert heute ihren zehnten Geburtstag. Alle Verwandten kommen zu Besuch: Oma, Opa, Tante und Onkel. Mutter hat vier leckere Kuchen gebacken. Auch einige Kinder aus Julias Klasse sind eingeladen. Am Nachmittag machen sie ein paar lustige Spiele. Zum Schluss kommt noch ein lustiger Clown.

Schreibe 2 Sätze mit bestimmten Zahladjektiven.

____

____

Schreibe 2 Sätze mit unbestimmten Zahladjektiven.

____

____

2.8 Konjunktion ▭

Konjunktionen sind Bindewörter, die einzelne Wörter oder Sätze miteinander verbinden.

Beispiele:
- und, oder, wie … (Hier musst du kein Komma setzen.)
- aber, weil, wenn, dass, da … (Hier gehört ein Komma davor.)

Verbinde die folgenden Sätze mit passenden Konjunktionen. Zeichne über alle Konjunktionen das Symbol.

Jonas öffnet das Fenster. Frische Luft ist gesund.

____

____

Maria holt die Gießkanne. Sie gießt die Blumen.

____

____

Tim putzt die Tafel. Die Lehrerin braucht Platz zum Schreiben.

____

____

Bilde einen eigenen Satz und zeichne das Symbol über die Konjunktion.

____

____

3. Sätze

3.1 Satzarten

Es gibt drei Satzarten: **Aussagesätze, Fragesätze** und **Ausrufesätze**. Ein Aussagesatz endet mit einem Punkt (**.**), ein Fragesatz mit einem Fragezeichen (**?**) und ein Ausrufesatz mit einem Ausrufezeichen (**!**).

Beispiele:
Lisa schreibt einen Brief**.** (Aussagesatz)
Wem schreibt Lisa einen Brief**?** (Fragesatz)
Super, ich habe einen Brief von Lisa bekommen**!** (Ausrufesatz)

Sprich die Sätze laut und achte dabei darauf, wie unterschiedlich sich deine Stimme anhört.

Setze nach den folgenden Sätzen die richtigen Satzzeichen.

Tim: Ich habe einen Euro gefunden ☐

Tom: Wo hast du ihn denn gefunden ☐

Tim: Verrate ich nicht ☐

Tom: Hast du ihn auf dem Schulhof gefunden ☐

Da habe ich heute nämlich einen verloren ☐

Gib ihn sofort her ☐

Tim: Es waren aber zwei Fünfzig-Cent-Stücke ☐

Tom: Ach, so ist das ☐

Dann ist der Euro beim Runterfallen wohl zerbrochen ☐

3.2 Satzteile / Satzglieder

Sätze bestehen aus **Satzteilen**. Ein Satzteil kann aus einem oder mehreren Wörtern bestehen. Wenn man Satzteile im Satz umstellt, bleiben die Wörter, die zu einem Satzteil gehören, zusammen. Statt Satzteil kann man auch **Satzglied** sagen.

Beispiele:

Die Kinder	schreiben	einen Brief.
Einen Brief	schreiben	die Kinder.
Schreiben	die Kinder	einen Brief?

Stelle folgenden Satz dreimal um und kreise die 4 Satzteile ein.

Sie malen ein Bild darunter.

Überlege dir auch einen Satz und stelle ihn zweimal um.
Kreise die Satzteile ein.

Die verschiedenen Satzteile haben Namen.

Beispiel: Die Kinder schreiben ihrer Partnerklasse einen Brief.

So kannst du die Satzteile in diesem Satz bestimmen:
- Zuerst fragst du: Was tut jemand? / Was geschieht?
  Antwort: schreiben = **Prädikat** (Satzaussage)
- Dann fragst du: Wer tut etwas? (Wer schreibt?)
  Antwort: die Kinder = **Subjekt** (Satzgegenstand)

Subjekt und Prädikat müssen in einem Satz vorkommen.
Durch die anderen Satzteile, die nicht alle vorkommen müssen, erfährt man Genaueres.

- Du fragst weiter: Wen oder was (schreiben die Kinder)?
  Antwort: einen Brief = **Akkusativobjekt** (Satzergänzung im Wenfall)
- Manchmal kannst du auch noch „Wem?" fragen:
  Wem (schreiben die Kinder)?
  Antwort: ihrer Partnerklasse = **Dativobjekt** (Satzergänzung im Wemfall)

Unterstreiche die Prädikate rot und die Subjekte schwarz.

Die 4. Klasse hat eine Partnerklasse in England. Sie schreiben den englischen Kindern auf Englisch. Danach sind alle ganz gespannt. Schon bald kommt eine Antwort.

Unterstreiche die Akkusativobjekte blau, die Dativobjekte grün.

Die englischen Kinder haben den deutschen Kindern einen langen Brief geschrieben. Sie haben auch Fotos geschickt. Darauf sieht man viele Sehenswürdigkeiten.

Wenn du es noch genauer wissen willst, kannst du weitere Fragen stellen.

Beispiel:

Am Morgen	schreiben	die Kinder

in der Klasse	als Dankeschön

einen Brief	in Schönschrift	zurück.

- Wo?
  Antwort: in der Klasse = **lokale adverbiale Bestimmung** (Bestimmung des Ortes)
- Wann?
  Antwort: am Morgen = **temporale adverbiale Bestimmung** (Bestimmung der Zeit)
- Wie?
  Antwort: in Schönschrift = **modale adverbiale Bestimmung** (Bestimmung der Art und Weise)
- Warum?
  Antwort: als Dankeschön = **kausale adverbiale Bestimmung** (Bestimmung des Grundes)

Unterstreiche alle adverbialen Bestimmungen orange.

Das steht in dem Brief: Heute haben wir euren langen Brief erhalten. Wir haben uns sehr darüber gefreut. Die vielen Fotos von den Sehenswürdigkeiten waren interessant. Gerne würden wir auch einmal nach London reisen.

Sterntabelle

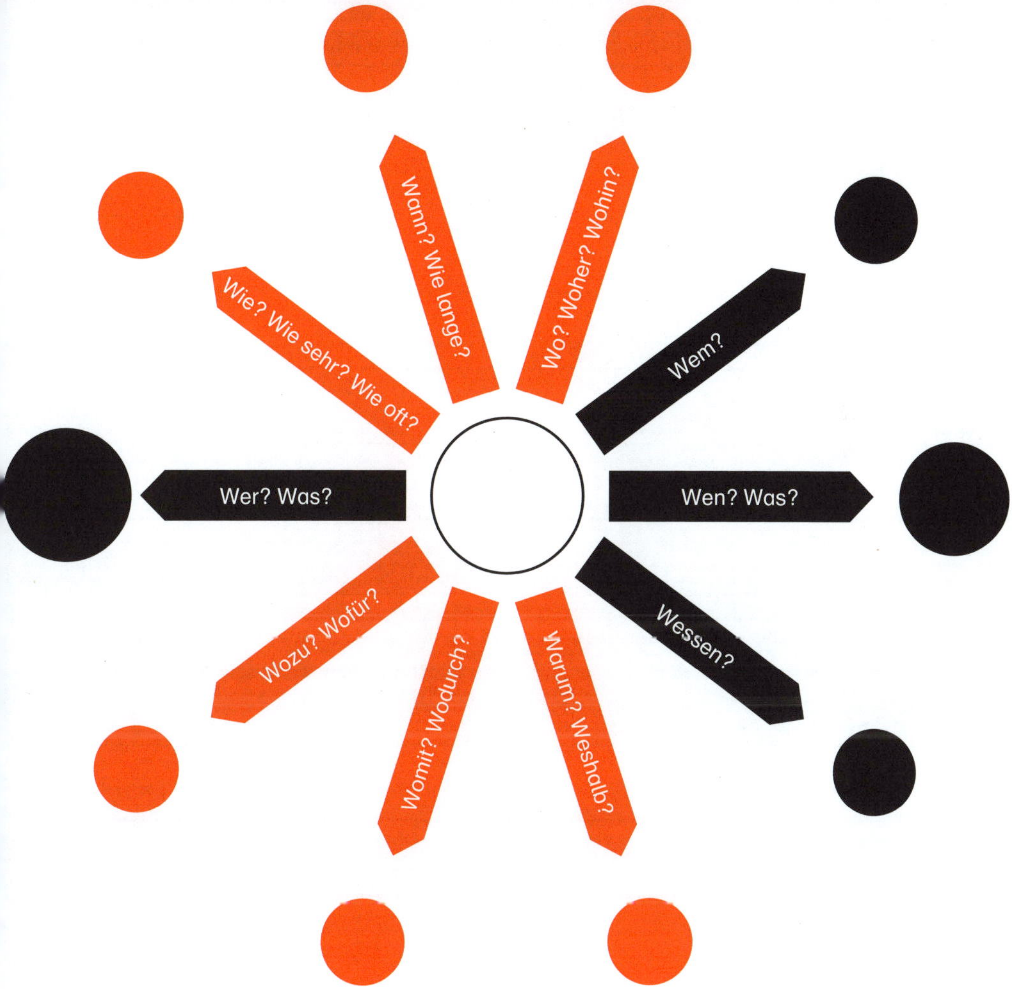

Male den Kreis in der Mitte rot aus.
Er steht für das Prädikat.

Denke dir einige möglichst lange Sätze aus und versuche, die Satzteile zu bestimmen. Die Fragen und die Sterntabelle von S. 37 helfen dir dabei.

4. Liste der unregelmäßigen Verben

B

Infinitiv *(Grundform)*	Präsens *(Gegenwart)*		Präteritum *(1. Vergangenheit)*		Perfekt *(2. Vergangenheit)*
beginnen	ich beginne wir beginnen	du beginnst ihr beginnt	ich begann wir begannen	du begannst ihr begannt	ich habe begonnen
beißen	ich beiße wir beißen	du beißt ihr beißt	ich biss wir bissen	du bissest ihr bisst	ich habe gebissen
biegen	ich biege wir biegen	du biegst ihr biegt	ich bog wir bogen	du bogst ihr bogt	ich habe gebogen
bieten	ich biete wir bieten	du bietest ihr bietet	ich bot wir boten	du bot(e)st ihr botet	ich habe geboten
binden	ich binde wir binden	du bindest ihr bindet	ich band wir banden	du band(e)st ihr bandet	ich habe gebunden
bitten	ich bitte wir bitten	du bittest ihr bittet	ich bat wir baten	du bat(e)st ihr batet	ich habe gebeten
blasen	ich blase wir blasen	du bläst ihr blast	ich blies wir blasen	du bliesest ihr bliest	ich habe geblasen
bleiben	ich bleibe wir bleiben	du bleibst ihr bleibt	ich blieb wir blieben	du bliebst ihr bliebt	ich bin geblieben
brechen	ich breche wir brechen	du brichst ihr brecht	ich brach wir brachen	du brachst ihr bracht	ich habe gebrochen
brennen	ich brenne wir brennen	du brennst ihr brennt	ich brannte wir brannten	du branntest ihr branntet	ich habe gebrannt
bringen	ich bringe wir bringen	du bringst ihr bringt	ich brachte wir brachten	du brachtest ihr brachtet	ich habe gebracht

	Infinitiv (Grundform)	Präsens (Gegenwart)		Präteritum (1. Vergangenheit)		Perfekt (2. Vergangenheit)
D	denken	ich denke wir denken	du denkst ihr denkt	ich dachte wir dachten	du dachtest ihr dachtet	ich habe gedacht
	dürfen	ich darf wir dürfen	du darfst ihr dürft	ich durfte wir durften	du durftest ihr durftet	ich habe gedurft
E	empfehlen	ich empfehle wir empfehlen	du empfiehlst ihr empfehlt	ich empfahl wir empfahlen	du empfahlst ihr empfahlt	ich habe empfohlen
	erschrecken	ich erschrecke wir erschrecken	du erschrickst ihr erschreckt	ich erschrak wir erschraken	du erschrakst ihr erschrakt	ich bin erschrocken
	essen	ich esse wir essen	du isst ihr esst	ich aß wir aßen	du aßest ihr aßt	ich habe gegessen
F	fahren	ich fahre wir fahren	du fährst ihr fahrt	ich fuhr wir fuhren	du fuhrst ihr fuhrt	ich bin / habe gefahren
	fallen	ich falle wir fallen	du fällst ihr fallt	ich fiel wir fielen	du fielst ihr fielt	ich bin gefallen
	fangen	ich fange wir fangen	du fängst ihr fangt	ich fing wir fingen	du fingst ihr fingt	ich habe gefangen
	finden	ich finde wir finden	du findest ihr findet	ich fand wir fanden	du fand(e)st ihr fandet	ich habe gefunden
	fliegen	ich fliege wir fliegen	du fliegst ihr fliegt	ich flog wir flogen	du flogst ihr flogt	ich bin geflogen
	fließen	ich fließe wir fließen	du fließt ihr fließt	ich floss wir flossen	du flossest ihr flosst	ich bin geflossen
	fressen	ich fresse wir fressen	du frisst ihr fresst	ich fraß wir fraßen	du fraßest ihr fraßt	ich habe gefressen

	frieren	ich friere wir frieren	du frierst ihr friert	ich fror wir froren	du frorst ihr frort	ich habe gefroren
G	geben	ich gebe wir geben	du gibst ihr gebt	ich gab wir gaben	du gabst ihr gabt	ich habe gegeben
	gehen	ich gehe wir gehen	du gehst ihr geht	ich ging wir gingen	du gingst ihr gingt	ich bin gegangen
	gewinnen	ich gewinne wir gewinnen	du gewinnst ihr gewinnt	ich gewann wir gewannen	du gewannst ihr gewannt	ich habe gewonnen
	gießen	ich gieße wir gießen	du gießt ihr gießt	ich goss wir gossen	du gossest ihr gosst	ich habe gegossen
	graben	ich grabe wir graben	du gräbst ihr grabt	ich grub wir gruben	du grubst ihr grubt	ich habe gegraben
	greifen	ich greife wir greifen	du greifst ihr greift	ich griff wir griffen	du griffst ihr grifft	ich habe gegriffen
H	haben	ich habe wir haben	du hast ihr habt	ich hatte wir hatten	du hattest ihr hattet	ich habe gehabt
	halten	ich halte wir halten	du hältst ihr haltet	ich hielt wir hielten	du hielt(e)st ihr hieltet	ich habe gehalten
	heben	ich hebe wir heben	du hebst ihr hebt	ich hob wir hoben	du hobst ihr hobt	ich habe gehoben
	heißen	ich heiße wir heißen	du heißt ihr heißt	ich hieß wir hießen	du hießest ihr hießt	ich habe geheißen
	helfen	ich helfe wir helfen	du hilfst ihr helft	ich half wir halfen	du halfst ihr halft	ich habe geholfen
K	kennen	ich kenne wir kennen	du kennst ihr kennt	ich kannte wir kannten	du kanntest ihr kanntet	ich habe gekannt

	Infinitiv *(Grundform)*	**Präsens** *(Gegenwart)*		**Präteritum** *(1. Vergangenheit)*		**Perfekt** *(2. Vergangenheit)*
K	kommen	ich komme wir kommen	du kommst ihr kommt	ich kam wir kamen	du kamst ihr kamt	ich bin gekommen
	können	ich kann wir können	du kannst ihr könnt	ich konnte wir konnten	du konntest ihr konntet	ich habe gekonnt
	kriechen	ich krieche wir kriechen	du kriechst ihr kriecht	ich kroch wir krochen	du krochst ihr krocht	ich bin gekrochen
L	laden	ich lade wir laden	du lädst ihr ladet	ich lud wir luden	du ludst ihr ludet	ich habe geladen
	lassen	ich lasse wir lassen	du lässt ihr lasst	ich ließ wir ließen	du ließest ihr ließt	ich habe gelassen
	laufen	ich laufe wir laufen	du läufst ihr lauft	ich lief wir liefen	du liefst ihr lieft	ich bin gelaufen
	leihen	ich leihe wir leihen	du leihst ihr leiht	ich lieh wir liehen	du liehst ihr lieht	ich habe geliehen
	lesen	ich lese wir lesen	du liest ihr lest	ich las wir lasen	du lasest ihr last	ich habe gelesen
	liegen	ich liege wir liegen	du liegst ihr liegt	ich lag wir lagen	du lagst ihr lagt	ich habe gelegen
	lügen	ich lüge wir lügen	du lügst ihr lügt	ich log wir logen	du logst ihr logt	ich habe gelogen
M	messen	ich messe wir messen	du misst ihr messt	ich maß wir maßen	du maßest ihr maßt	ich habe gemessen
	mögen	ich mag wir mögen	du magst ihr mögt	ich mochte wir mochten	du mochtest ihr mochtet	ich habe gemocht

	müssen	ich muss wir müssen	du musst ihr müsst	ich musste wir mussten	du musstest ihr musstet	ich habe gemusst
N	nehmen	ich nehme wir nehmen	du nimmst ihr nehmt	ich nahm wir nahmen	du nahmst ihr nahmt	ich habe genommen
	nennen	ich nenne wir nennen	du nennst ihr nennt	ich nannte wir nannten	du nanntest ihr nanntet	ich habe genannt
R	raten	ich rate wir raten	du rätst ihr ratet	ich riet wir rieten	du riet(e)st ihr rietet	ich habe geraten
	reißen	ich reiße wir reißen	du reißt ihr reißt	ich riss wir rissen	du rissest ihr risst	ich habe gerissen
	reiten	ich reite wir reiten	du reitest ihr reitet	ich ritt wir ritten	du rittst ihr rittet	ich bin geritten
	rennen	ich renne wir rennen	du rennst ihr rennt	ich rannte wir rannten	du ranntest ihr ranntet	ich bin gerannt
	riechen	ich rieche wir riechen	du riechst ihr riecht	ich roch wir rochen	du rochst ihr rocht	ich habe gerochen
	rufen	ich rufe wir rufen	du rufst ihr ruft	ich rief wir riefen	du riefst ihr rieft	ich habe gerufen
S	schaffen	ich schaffe wir schaffen	du schaffst ihr schafft	ich schuf wir schufen	du schufst ihr schuft	ich habe geschaffen
	scheinen	ich scheine wir scheinen	du scheinst ihr scheint	ich schien wir schienen	du schienst ihr schient	ich habe geschienen
	schieben	ich schiebe wir schieben	du schiebst ihr schiebt	ich schob wir schoben	du schobst ihr schobt	ich habe geschoben
	schlafen	ich schlafe wir schlafen	du schläfst ihr schlaft	ich schlief wir schliefen	du schliefst ihr schlieft	ich habe geschlafen

Infinitiv *(Grundform)*	**Präsens** *(Gegenwart)*	**Präteritum** *(1. Vergangenheit)*	**Perfekt** *(2. Vergangenheit)*
schlagen	ich schlage du schlägst wir schlagen ihr schlagt	ich schlug du schlugst wir schlugen ihr schlugt	ich habe geschlagen
schleichen	ich schleiche du schleichst wir schleichen ihr schleicht	ich schlich du schlichst wir schlichen ihr schlicht	ich bin geschlichen
schließen	ich schließe du schließt wir schließen ihr schließt	ich schloss du schlossest wir schlossen ihr schlosst	ich habe geschlossen
schneiden	ich schneide du schneidest wir schneiden ihr schneidet	ich schnitt du schnitt(e)st wir schnitten ihr schnittet	ich habe geschnitten
schreiben	ich schreibe du schreibst wir schreiben ihr schreibt	ich schrieb du schriebst wir schrieben ihr schriebt	ich habe geschrieben
schreien	ich schreie du schreist wir schreien ihr schreit	ich schrie du schriest wir schrie(e)n ihr schrie(e)t	ich habe geschrien
schweigen	ich schweige du schweigst wir schweigen ihr schweigt	ich schwieg du schwiegst wir schwiegen ihr schwiegt	ich habe geschwiegen
schwimmen	ich schwimme du schwimmst wir schwimmen ihr schwimmt	ich schwamm du schwammst wir schwammen ihr schwammt	ich bin geschwommen
sehen	ich sehe du siehst wir sehen ihr seht	ich sah du sahst wir sahen ihr saht	ich habe gesehen
sein	ich bin du bist er ist wir sind ihr seid sie sind	ich war du warst wir waren ihr wart	ich bin gewesen
singen	ich singe du singst wir singen ihr singt	ich sang du sangst wir sangen ihr sangt	ich habe gesungen
sprechen	ich spreche du sprichst wir sprechen ihr sprecht	ich sprach du sprachst wir sprachen ihr spracht	ich habe gesprochen

springen	ich springe wir springen	du springst ihr springt	ich sprang wir sprangen	du sprangst ihr sprangt	ich bin gesprungen
stehen	ich stehe wir stehen	du stehst ihr steht	ich stand wir standen	du stand(e)st ihr standet	ich habe gestanden
stehlen	ich stehle wir stehlen	du stiehlst ihr stehlt	ich stahl wir stahlen	du stahlst ihr stahlt	ich habe gestohlen
steigen	ich steige wir steigen	du steigst ihr steigt	ich stieg wir stiegen	du stiegst ihr stiegt	ich bin gestiegen
sterben	ich sterbe wir sterben	du stirbst ihr sterbt	ich starb wir starben	du starbst ihr starbt	ich bin gestorben
stinken	ich stinke wir stinken	du stinkst ihr stinkt	ich stank wir stanken	du stankst ihr stankt	ich habe gestunken
stoßen	ich stoße wir stoßen	du stößt ihr stoßt	ich stieß wir stießen	du stießest ihr stießt	ich habe gestoßen
streiten	ich streite wir streiten	du streitest ihr streitet	ich stritt wir stritten	du stritt(e)st ihr strittet	ich habe gestritten
tragen	ich trage wir tragen	du trägst ihr tragt	ich trug wir trugen	du trugst ihr trugt	ich habe getragen
treffen	ich treffe wir treffen	du triffst ihr trefft	ich traf wir trafen	du trafst ihr traft	ich habe getroffen
treten	ich trete wir treten	du trittst ihr tretet	ich trat wir traten	du tratst ihr tratet	ich bin getreten
trinken	ich trinke wir trinken	du trinkst ihr trinkt	ich trank wir tranken	du trankst ihr trankt	ich habe getrunken
tun	ich tue wir tun	du tust ihr tut	ich tat wir taten	du tat(e)st ihr tatet	ich habe getan

	Infinitiv *(Grundform)*	Präsens *(Gegenwart)*		Präteritum *(1. Vergangenheit)*		Perfekt *(2. Vergangenheit)*
V	vergessen	ich vergesse wir vergessen	du vergisst ihr vergesst	ich vergaß wir vergaßen	du vergaß(es)t ihr vergaßt	ich habe vergessen
	verlieren	ich verliere wir verlieren	du verlierst ihr verliert	ich verlor wir verloren	du verlorst ihr verlort	ich habe verloren
W	wachsen	ich wachse wir wachsen	du wächst ihr wachst	ich wuchs wir wuchsen	du wuchsest ihr wuchst	ich bin gewachsen
	waschen	ich wasche wir waschen	du wäschst ihr wascht	ich wusch wir wuschen	du wuschst ihr wuscht	ich habe gewaschen
	weisen	ich weise wir weisen	du weist ihr weist	ich wies wir wiesen	du wiesest ihr wieset	ich habe gewiesen
	wenden	ich wende wir wenden	du wendest ihr wendet	ich wandte wir wandten	du wandtest ihr wandtet	ich habe gewandt
	werden	ich werde wir werden	du wirst ihr werdet	ich wurde wir wurden	du wurdest ihr wurdet	ich bin geworden
	werfen	ich werfe wir werfen	du wirfst ihr werft	ich warf wir warfen	du warfst ihr warft	ich habe geworfen
	wiegen	ich wiege wir wiegen	du wiegst ihr wiegt	ich wog wir wogen	du wogst ihr wogt	ich habe gewogen
	wissen	ich weiß wir wissen	du weißt ihr wisst	ich wusste wir wussten	du wusstest ihr wusstet	ich habe gewusst
	wollen	ich will wir wollen	du willst ihr wollt	ich wollte wir wollten	du wolltest ihr wolltet	ich habe gewollt
Z	ziehen	ich ziehe wir ziehen	du ziehst ihr zieht	ich zog wir zogen	du zogst ihr zogt	ich habe gezogen

5. Fremdwörterverzeichnis

das **Adjektiv**	Wiewort, Eigenschaftswort
die **adverbiale Bestimmung** – lokal – temporal – modal – kausal	Umstandsbestimmung – des Ortes – der Zeit – der Art und Weise – des Grundes
der **Akkusativ**	4. Fall, Wenfall
das **Akkusativobjekt**	Satzergänzung im 4. Fall
das **Alphabet**	Abc
der **Artikel**	Begleiter
der **Dativ**	3. Fall, Wemfall
das **Dativobjekt**	Satzergänzung im 3. Fall
deklinieren, die **Deklination**	ein Nomen oder Adjektiv beugen (in die vier Fälle setzen)
der **Diphthong**	Doppellaut aus zwei Vokalen, Zwielaut (au, äu, eu, ei, ai)
das **Femininum**	weibliches Nomen
das **Futur**	Zukunft
der **Genitiv**	2. Fall, Wessenfall
das **Genus** – Maskulinum – Femininum – Neutrum	grammatikalisches Geschlecht – männliches Nomen – weibliches Nomen – sächliches Nomen
die **Grammatik**	Sprachlehre
der **Infinitiv**	Grundform (des Verbs)
der **Kasus** – Nominativ – Genitiv – Dativ – Akkusativ	Fall des Nomens – 1. Fall / Werfall – 2. Fall / Wessenfall – 3. Fall / Wemfall – 4. Fall / Wenfall
konjugieren, die **Konjugation**	ein Verb beugen (in verschiedene Personen und Zeiten setzen)
die **Konjunktion**	Bindewort

der **Konsonant**	Mitlaut
das **Maskulinum**	männliches Nomen
das **Neutrum**	sächliches Nomen
das **Nomen**	Namenwort, Hauptwort
der **Nominativ**	1. Fall, Werfall
das **Numerale**, die **Numeralien**	Zahlwort
der **Numerus** – Singular – Plural	Anzahl – Einzahl – Mehrzahl
das **Objekt**	Satzergänzung
das **Partizip**	Mittelwort
das **Perfekt**	2. Vergangenheit
das **Phonogramm**	Buchstabenverbindung, Doppellaut (nach Montessori)
der **Plural**	Mehrzahl
das **Prädikat**	Satzaussage
die **Präposition**	Lagewort / Verhältniswort
das **Präsens**	Gegenwart
das **Präteritum**	1. Vergangenheit
das **Pronomen**	Fürwort
der **Singular**	Einzahl
das **Subjekt**	Satzgegenstand
das **Substantiv**	Namenwort, Hauptwort
das **Tempus** – Präsens – Präteritum – Perfekt – Futur	Zeit (in der ein Verb stehen kann) – Gegenwart – 1. Vergangenheit – 2. Vergangenheit – Zukunft
das **Verb**	Tunwort / Tuwort, Zeitwort
der **Vokal**	Selbstlaut
das **Zahladjektiv**	Zahlwort